My Family Favorites Recipe Journal

My Family Favorites
Recipe Journal

R

ROCKRIDGE
PRESS

Interior and Cover Designer: Jenny Paredes
Art Producer: Samantha Ulban
Editor: Anna Pulley
Production Editor: Rachel Taenzler
Production Manager: Lanore Coloprisco

All images used under license Shutterstock.

Hardcover ISBN: 978-1-68539-662-6
R0

This journal belongs to

How to Use This Recipe Journal

Welcome to your heirloom cookbook journal, where you can save your most cherished recipes. This is a customizable book. It does not include predetermined recipe sections for breakfasts, appetizers, main dishes, and so on. You get to choose the food categories that you want to include.

This book provides you with color-coded organization so that no matter the recipe classifications you decide upon (by meal type, ingredient type, contributor, etc.), you can easily find the section you're looking for by color. Create a table of contents that works for you. Some people love to entertain and will want to document their best appetizer and cocktail recipes. Others are eager to have their favorite holiday meals, slow cooker recipes, and pastas all in one place.

Use the customizable table of contents at the front of the book to create your sections and use the customizable table of contents at the beginning of each section to write in each recipe and page number.

The template for each recipe allows you to write down the title, source, servings, prep time, cook time, ingredients, instructions, and any notes you'd like to include about where the recipe came from or any memorable stories surrounding it. The last 10 pages of each section are 2-page spreads to capture longer or more complex recipes.

Take care and joy in making the best cookbook for you.

Contents

Favorite

Recipe:	Page:	Recipe:	Page:

Recipe: ....

Source: ....

Serves: .... **Prep Time:** .... **Cook Time:** ....

Ingredients:

....

....

....

....

....

....

....

....

....

Instructions:

....

....

....

....

....

....

....

....

....

Notes:

....

....

Recipe: ....

Source: ....

Serves: .... **Prep Time:** .... **Cook Time:** ....

Ingredients:

....

....

....

....

....

....

....

....

....

....

Instructions:

....

....

....

....

....

....

....

....

....

....

Notes:

....

....

Recipe: ....

Source: ....

Serves: .... **Prep Time:** .... **Cook Time:** ....

Ingredients:

....

....

....

....

....

....

....

....

....

Instructions:

....

....

....

....

....

....

....

....

Notes:

....

....

Recipe: ....

Source: ....

Serves: .... **Prep Time:** .... **Cook Time:** ....

Ingredients:

....

....

....

....

....

....

....

....

....

Instructions:

....

....

....

....

....

....

....

....

....

Notes:

....

....

Recipe: ....

Source: ....

Serves: .... **Prep Time:** .... **Cook Time:** ....

Ingredients:

....

....

....

....

....

....

....

....

....

Instructions:

....

....

....

....

....

....

....

....

....

Notes:

....

....

Recipe: ....

Source: ....

Serves: .... **Prep Time:** .... **Cook Time:** ....

Ingredients:

....

....

....

....

....

....

....

....

....

Instructions:

....

....

....

....

....

....

....

....

....

Notes:

....

....

Recipe: ....

Source: ....

Serves: .... Prep Time: .... Cook Time: ....

Ingredients:

....

....

....

....

....

....

....

....

....

Instructions:

....

....

....

....

....

....

....

....

....

Notes:

....

....

Recipe: ....

Source: ....

Serves: .... Prep Time: .... Cook Time: ....

Ingredients:

....

....

....

....

....

....

....

....

....

Instructions:

....

....

....

....

....

....

....

....

....

....

Notes:

....

....

Recipe: ....

Source: ....

Serves: .... **Prep Time:** .... **Cook Time:** ....

Ingredients:

....

....

....

....

....

....

....

....

....

Instructions:

....

....

....

....

....

....

....

....

....

Notes:

....

....

Recipe: ....

Source: ....

Serves: .... Prep Time: .... Cook Time: ....

Ingredients:

....

....

....

....

....

....

....

....

....

Instructions:

....

....

....

....

....

....

....

....

....

Notes:

....

....

Recipe: ....

Source: ....

Serves: .... **Prep Time:** .... **Cook Time:** ....

Ingredients:

....

....

....

....

....

....

....

....

....

Instructions:

....

....

....

....

....

....

....

....

....

Notes:

....

....

Recipe: ....

Source: ....

Serves: .... Prep Time: .... Cook Time: ....

Ingredients:

....

....

....

....

....

....

....

....

....

Instructions:

....

....

....

....

....

....

....

....

....

Notes:

....

....

Recipe: ....

Source: ....

Serves: .... Prep Time: .... Cook Time: ....

Ingredients:

....

....

....

....

....

....

....

....

....

Instructions:

....

....

....

....

....

....

....

....

....

Notes:

....

....

Recipe: ....

Source: ....

Serves: .... Prep Time: .... Cook Time: ....

Ingredients:

....

....

....

....

....

....

....

....

....

Instructions:

....

....

....

....

....

....

....

....

....

....

Notes:

....

....

Recipe: ....

Source: ....

Serves: .... Prep Time: .... Cook Time: ....

Ingredients:

....

....

....

....

....

....

....

....

....

Instructions:

....

....

....

....

....

....

....

....

....

Notes:

....

....

Recipe: ....

Source: ....

Serves: .... **Prep Time:** .... **Cook Time:** ....

Ingredients:

....

....

....

....

....

....

....

....

....

Instructions:

....

....

....

....

....

....

....

....

....

Notes:

....

....

Recipe: ....

Source: ....

Serves: .... Prep Time: .... Cook Time: ....

Ingredients:

....

....

....

....

....

....

....

....

....

....

Instructions:

....

....

....

....

....

....

....

....

....

....

Notes:

....

....

Recipe: ....

Source: ....

Serves: .... Prep Time: .... Cook Time: ....

Ingredients:

....

....

....

....

....

....

....

....

....

Instructions:

....

....

....

....

....

....

....

....

....

Notes:

....

....

Recipe: ....

Source: ....

Serves: .... Prep Time: .... Cook Time: ....

Ingredients:

....

....

....

....

....

....

....

....

....

Instructions:

....

....

....

....

....

....

....

....

....

Notes:

....

....

Notes:

Recipe: ....

Source: ....

Serves: .... **Prep Time:** .... **Cook Time:** ....

Ingredients:

....

....

....

....

....

....

....

....

....

Instructions:

....

....

....

....

....

....

....

....

....

Notes:

....

....

Notes:

Recipe: ....

Source: ....

Serves: .... **Prep Time:** .... **Cook Time:** ....

Ingredients:

....

....

....

....

....

....

....

....

....

Instructions:

....

....

....

....

....

....

....

....

....

Notes:

....

....

Notes:

Recipe: ....

Source: ....

Serves: .... Prep Time: .... Cook Time: ....

Ingredients:

....

....

....

....

....

....

....

....

....

Instructions:

....

....

....

....

....

....

....

....

....

Notes:

....

....

....

....

....

....

....

....

....

....

....

....

....

....

Notes:

....

....

Recipe: ....

Source: ....

Serves: .... Prep Time: .... Cook Time: ....

Ingredients:

....

....

....

....

....

....

....

....

....

Instructions:

....

....

....

....

....

....

....

....

....

Notes:

....

....

....

....

....

....

....

....

....

....

....

....

....

Notes:

....

....

Favorite

Recipe:	Page:
....	....
....	....
....	....
....	....
....	....
....	....
....	....
....	....
....	....
....	....
....	....

Recipe:	Page:
....	....
....	....
....	....
....	....
....	....
....	....
....	....
....	....
....	....
....	....
....	....

Recipe: ....

Source: ....

Serves: .... Prep Time: .... Cook Time: ....

Ingredients:

....

....

....

....

....

....

....

....

....

Instructions:

....

....

....

....

....

....

....

....

....

Notes:

....

....

Recipe: ....

Source: ....

Serves: .... **Prep Time:** .... **Cook Time:** ....

Ingredients:

....

....

....

....

....

....

....

....

....

Instructions:

....

....

....

....

....

....

....

....

....

Notes:

....

....

Recipe: ....

Source: ....

Serves: .... Prep Time: .... Cook Time: ....

Ingredients:

....

....

....

....

....

....

....

....

....

Instructions:

....

....

....

....

....

....

....

....

....

....

Notes:

....

....

Recipe: ....

Source: ....

Serves: .... **Prep Time:** .... **Cook Time:** ....

Ingredients:

....

....

....

....

....

....

....

....

....

Instructions:

....

....

....

....

....

....

....

....

....

....

Notes:

....

....

Recipe: ....

Source: ....

Serves: .... **Prep Time:** .... **Cook Time:** ....

Ingredients:

....

....

....

....

....

....

....

....

....

Instructions:

....

....

....

....

....

....

....

....

....

Notes:

....

....

Recipe: ....

Source: ....

Serves: .... **Prep Time:** .... **Cook Time:** ....

Ingredients:

....

....

....

....

....

....

....

....

....

....

Instructions:

....

....

....

....

....

....

....

....

....

....

Notes:

....

....

Recipe: ....

Source: ....

Serves: .... **Prep Time:** .... **Cook Time:** ....

Ingredients:

....

....

....

....

....

....

....

....

....

....

Instructions:

....

....

....

....

....

....

....

....

....

....

Notes:

....

....

Recipe: ....

Source: ....

Serves: .... Prep Time: .... Cook Time: ....

Ingredients:

....

....

....

....

....

....

....

....

....

Instructions:

....

....

....

....

....

....

....

....

....

Notes:

....

....

Recipe: ....

Source: ....

Serves: .... Prep Time: .... Cook Time: ....

Ingredients:

....

....

....

....

....

....

....

....

....

Instructions:

....

....

....

....

....

....

....

....

....

Notes:

....

....

Recipe: ....

Source: ....

Serves: .... **Prep Time:** .... **Cook Time:** ....

Ingredients:

....

....

....

....

....

....

....

....

....

Instructions:

....

....

....

....

....

....

....

....

....

....

Notes:

....

....

Recipe: ....

Source: ....

Serves: .... Prep Time: .... Cook Time: ....

Ingredients:

....

....

....

....

....

....

....

....

....

Instructions:

....

....

....

....

....

....

....

....

....

Notes:

....

....

Recipe: ....

Source: ....

Serves: .... **Prep Time:** .... **Cook Time:** ....

Ingredients:

....

....

....

....

....

....

....

....

....

Instructions:

....

....

....

....

....

....

....

....

....

Notes:

....

....

Recipe: ....

Source: ....

Serves: .... **Prep Time:** .... **Cook Time:** ....

Ingredients:

....

....

....

....

....

....

....

....

....

Instructions:

....

....

....

....

....

....

....

....

....

Notes:

....

....

Recipe: ....

Source: ....

Serves: .... **Prep Time:** .... **Cook Time:** ....

Ingredients:

....

....

....

....

....

....

....

....

....

Instructions:

....

....

....

....

....

....

....

....

....

Notes:

....

....

Recipe: ....

Source: ....

Serves: .... Prep Time: .... Cook Time: ....

Ingredients:

....

....

....

....

....

....

....

....

....

....

Instructions:

....

....

....

....

....

....

....

....

....

....

Notes:

....

....

Recipe: ....

Source: ....

Serves: .... **Prep Time:** .... **Cook Time:** ....

Ingredients:

....

....

....

....

....

....

....

....

....

....

Instructions:

....

....

....

....

....

....

....

....

....

....

Notes:

....

....

Recipe: ....

Source: ....

Serves: .... Prep Time: .... Cook Time: ....

Ingredients:

....

....

....

....

....

....

....

....

....

Instructions:

....

....

....

....

....

....

....

....

....

Notes:

....

....

Recipe: ....

Source: ....

Serves: .... Prep Time: .... Cook Time: ....

Ingredients:

....

....

....

....

....

....

....

....

....

Instructions:

....

....

....

....

....

....

....

....

....

Notes:

....

....

Recipe: ....

Source: ....

Serves: .... Prep Time: .... Cook Time: ....

Ingredients:

....

....

....

....

....

....

....

....

....

Instructions:

....

....

....

....

....

....

....

....

....

Notes:

....

....

Notes:

Recipe: ....

Source: ....

Serves: .... Prep Time: .... Cook Time: ....

Ingredients:

....

....

....

....

....

....

....

....

....

Instructions:

....

....

....

....

....

....

....

....

....

Notes:

....

....

Notes:

Recipe: ....

Source: ....

Serves: .... **Prep Time:** .... **Cook Time:** ....

Ingredients:

....

....

....

....

....

....

....

....

....

Instructions:

....

....

....

....

....

....

....

....

....

....

Notes:

....

....

Notes:

Recipe: ....

Source: ....

Serves: .... **Prep Time:** .... **Cook Time:** ....

Ingredients:

....

....

....

....

....

....

....

....

....

....

Instructions:

....

....

....

....

....

....

....

....

....

....

Notes:

....

....

Notes:

Recipe: ....

Source: ....

Serves: .... **Prep Time:** .... **Cook Time:** ....

Ingredients:

....

....

....

....

....

....

....

....

....

Instructions:

....

....

....

....

....

....

....

....

....

Notes:

....

....

Notes:

Favorite

Recipe:	Page:
....	....
....	....
....	....
....	....
....	....
....	....
....	....
....	....
....	....
....	....
....	....

Recipe:	Page:
....	....
....	....
....	....
....	....
....	....
....	....
....	....
....	....
....	....
....	....
....	....

Recipe: ....

Source: ....

Serves: .... Prep Time: .... Cook Time: ....

Ingredients:

....

....

....

....

....

....

....

....

....

....

Instructions:

....

....

....

....

....

....

....

....

....

....

Notes:

....

....

Recipe: ....

Source: ....

Serves: .... **Prep Time:** .... **Cook Time:** ....

Ingredients:

....

....

....

....

....

....

....

....

....

Instructions:

....

....

....

....

....

....

....

....

....

Notes:

....

....

Recipe: ....

Source: ....

Serves: .... Prep Time: .... Cook Time: ....

Ingredients:

....

....

....

....

....

....

....

....

....

....

Instructions:

....

....

....

....

....

....

....

....

....

....

Notes:

....

....

Recipe: ....

Source: ....

Serves: .... **Prep Time:** .... **Cook Time:** ....

Ingredients:

....

....

....

....

....

....

....

....

....

Instructions:

....

....

....

....

....

....

....

....

....

Notes:

....

....

Recipe: ....

Source: ....

Serves: .... **Prep Time:** .... **Cook Time:** ....

Ingredients:

....

....

....

....

....

....

....

....

....

Instructions:

....

....

....

....

....

....

....

....

....

....

Notes:

....

....

Recipe: ....

Source: ....

Serves: .... **Prep Time:** .... **Cook Time:** ....

Ingredients:

....

....

....

....

....

....

....

....

....

Instructions:

....

....

....

....

....

....

....

....

....

Notes:

....

....

Recipe: ....

Source: ....

Serves: .... **Prep Time:** .... **Cook Time:** ....

Ingredients:

....

....

....

....

....

....

....

....

....

Instructions:

....

....

....

....

....

....

....

....

....

Notes:

....

....

Recipe: ....

Source: ....

Serves: .... Prep Time: .... Cook Time: ....

Ingredients:

....

....

....

....

....

....

....

....

....

Instructions:

....

....

....

....

....

....

....

....

....

Notes:

....

....

Recipe: ....

Source: ....

Serves: .... **Prep Time:** .... **Cook Time:** ....

Ingredients:

....

....

....

....

....

....

....

....

....

Instructions:

....

....

....

....

....

....

....

....

....

Notes:

....

....

Recipe: ....

Source: ....

Serves: .... **Prep Time:** .... **Cook Time:** ....

Ingredients:

....

....

....

....

....

....

....

....

....

Instructions:

....

....

....

....

....

....

....

....

....

Notes:

....

....

Recipe: ....

Source: ....

Serves: .... **Prep Time:** .... **Cook Time:** ....

Ingredients:

....

....

....

....

....

....

....

....

....

Instructions:

....

....

....

....

....

....

....

....

....

Notes:

....

....

Recipe: ....

Source: ....

Serves: .... **Prep Time:** .... **Cook Time:** ....

Ingredients:

....

....

....

....

....

....

....

....

....

Instructions:

....

....

....

....

....

....

....

....

....

Notes:

....

....

Recipe: ....

Source: ....

Serves: .... **Prep Time:** .... **Cook Time:** ....

Ingredients:

....

....

....

....

....

....

....

....

....

Instructions:

....

....

....

....

....

....

....

....

....

Notes:

....

....

Recipe: ....

Source: ....

Serves: .... Prep Time: .... Cook Time: ....

Ingredients:

....

....

....

....

....

....

....

....

....

Instructions:

....

....

....

....

....

....

....

....

....

Notes:

....

....

Recipe: ....

Source: ....

Serves: .... Prep Time: .... Cook Time: ....

Ingredients:

....

....

....

....

....

....

....

....

....

Instructions:

....

....

....

....

....

....

....

....

....

....

Notes:

....

....

Recipe: ....

Source: ....

Serves: .... Prep Time: .... Cook Time: ....

Ingredients:

....

....

....

....

....

....

....

....

....

Instructions:

....

....

....

....

....

....

....

....

....

....

Notes:

....

....

Recipe: ....

Source: ....

Serves: .... **Prep Time:** .... **Cook Time:** ....

Ingredients:

....

....

....

....

....

....

....

....

....

Instructions:

....

....

....

....

....

....

....

....

....

Notes:

....

....

Recipe: ....

Source: ....

Serves: .... Prep Time: .... Cook Time: ....

Ingredients:

....

....

....

....

....

....

....

....

....

Instructions:

....

....

....

....

....

....

....

....

....

Notes:

....

....

Recipe: ....

Source: ....

Serves: .... **Prep Time:** .... **Cook Time:** ....

Ingredients:

....

....

....

....

....

....

....

....

....

Instructions:

....

....

....

....

....

....

....

....

....

....

Notes:

....

....

Notes:

Recipe: ....

Source: ....

Serves: .... Prep Time: .... Cook Time: ....

Ingredients:

....

....

....

....

....

....

....

....

....

Instructions:

....

....

....

....

....

....

....

....

....

....

Notes:

....

....

Notes:

Recipe: ....

Source: ....

Serves: .... Prep Time: .... Cook Time: ....

Ingredients:

....

....

....

....

....

....

....

....

....

Instructions:

....

....

....

....

....

....

....

....

....

Notes:

....

....

Notes:

Recipe: ....

Source: ....

Serves: .... Prep Time: .... Cook Time: ....

Ingredients:

....

....

....

....

....

....

....

....

....

Instructions:

....

....

....

....

....

....

....

....

....

Notes:

....

....

Notes:

Recipe: ....

Source: ....

Serves: .... Prep Time: .... Cook Time: ....

Ingredients:

....

....

....

....

....

....

....

....

....

Instructions:

....

....

....

....

....

....

....

....

....

Notes:

....

....

Notes:

Favorite

Recipe:	Page:
....	....
....	....
....	....
....	....
....	....
....	....
....	....
....	....
....	....
....	....
....	....

Recipe:	Page:
....	....
....	....
....	....
....	....
....	....
....	....
....	....
....	....
....	....
....	....
....	....

Recipe: ....

Source: ....

Serves: .... **Prep Time:** .... **Cook Time:** ....

Ingredients:

....

....

....

....

....

....

....

....

Instructions:

....

....

....

....

....

....

....

....

....

Notes:

....

....

Recipe: ....

Source: ....

Serves: .... Prep Time: .... Cook Time: ....

Ingredients:

....

....

....

....

....

....

....

....

....

Instructions:

....

....

....

....

....

....

....

....

....

Notes:

....

....

Recipe: ....

Source: ....

Serves: .... Prep Time: .... Cook Time: ....

Ingredients:

....

....

....

....

....

....

....

....

....

Instructions:

....

....

....

....

....

....

....

....

....

Notes:

....

....

Recipe: ....

Source: ....

Serves: .... Prep Time: .... Cook Time: ....

Ingredients:

....

....

....

....

....

....

....

....

....

Instructions:

....

....

....

....

....

....

....

....

....

Notes:

....

....

Recipe: ....

Source: ....

Serves: .... Prep Time: .... Cook Time: ....

Ingredients:

....

....

....

....

....

....

....

....

....

....

Instructions:

....

....

....

....

....

....

....

....

....

Notes:

....

....

Recipe: ....

Source: ....

Serves: .... **Prep Time:** .... **Cook Time:** ....

Ingredients:

....

....

....

....

....

....

....

....

....

Instructions:

....

....

....

....

....

....

....

....

....

Notes:

....

....

Recipe: ....

Source: ....

Serves: .... Prep Time: .... Cook Time: ....

Ingredients:

....

....

....

....

....

....

....

....

....

Instructions:

....

....

....

....

....

....

....

....

....

Notes:

....

....

Recipe: ....

Source: ....

Serves: .... Prep Time: .... Cook Time: ....

Ingredients:

....

....

....

....

....

....

....

....

....

Instructions:

....

....

....

....

....

....

....

....

....

Notes:

....

....

Recipe: ....

Source: ....

Serves: .... **Prep Time:** .... **Cook Time:** ....

Ingredients:

....

....

....

....

....

....

....

....

....

Instructions:

....

....

....

....

....

....

....

....

....

Notes:

....

....

Recipe: ....

Source: ....

Serves: .... **Prep Time:** .... **Cook Time:** ....

Ingredients:

....

....

....

....

....

....

....

....

....

Instructions:

....

....

....

....

....

....

....

....

....

Notes:

....

....

Recipe: ....

Source: ....

Serves: .... **Prep Time:** .... **Cook Time:** ....

Ingredients:

....

....

....

....

....

....

....

....

....

Instructions:

....

....

....

....

....

....

....

....

....

Notes:

....

....

Recipe: ....

Source: ....

Serves: .... Prep Time: .... Cook Time: ....

Ingredients:

....

....

....

....

....

....

....

....

....

....

Instructions:

....

....

....

....

....

....

....

....

....

....

Notes:

....

....

Recipe: ....

Source: ....

Serves: .... Prep Time: .... Cook Time: ....

Ingredients:

....

....

....

....

....

....

....

....

....

Instructions:

....

....

....

....

....

....

....

....

....

Notes:

....

....

Recipe: ....

Source: ....

Serves: .... Prep Time: .... Cook Time: ....

Ingredients:

....

....

....

....

....

....

....

....

....

Instructions:

....

....

....

....

....

....

....

....

....

Notes:

....

....

Recipe: ....

Source: ....

Serves: .... Prep Time: .... Cook Time: ....

Ingredients:

....

....

....

....

....

....

....

....

....

Instructions:

....

....

....

....

....

....

....

....

....

Notes:

....

....

Recipe: ....

Source: ....

Serves: .... Prep Time: .... Cook Time: ....

Ingredients:

....

....

....

....

....

....

....

....

....

Instructions:

....

....

....

....

....

....

....

....

....

Notes:

....

....

Recipe: ....

Source: ....

Serves: .... Prep Time: .... Cook Time: ....

Ingredients:

....

....

....

....

....

....

....

....

Instructions:

....

....

....

....

....

....

....

....

....

Notes:

....

....

Recipe: ....

Source: ....

Serves: .... **Prep Time:** .... **Cook Time:** ....

Ingredients:

....

....

....

....

....

....

....

....

....

Instructions:

....

....

....

....

....

....

....

....

....

Notes:

....

....

Recipe: ....

Source: ....

Serves: .... **Prep Time:** .... **Cook Time:** ....

Ingredients:

....

....

....

....

....

....

....

....

....

Instructions:

....

....

....

....

....

....

....

....

....

Notes:

....

....

Notes:

Recipe: ....

Source: ....

Serves: .... Prep Time: .... Cook Time: ....

Ingredients:

....

....

....

....

....

....

....

....

....

Instructions:

....

....

....

....

....

....

....

....

....

Notes:

....

....

Notes:

Recipe: ....

Source: ....

Serves: .... **Prep Time:** .... **Cook Time:** ....

Ingredients:

....

....

....

....

....

....

....

....

....

Instructions:

....

....

....

....

....

....

....

....

....

Notes:

....

....

Notes:

Recipe: ....

Source: ....

Serves: .... Prep Time: .... Cook Time: ....

Ingredients:

....

....

....

....

....

....

....

....

....

Instructions:

....

....

....

....

....

....

....

....

....

....

Notes:

....

....

Notes:

Recipe: ....

Source: ....

Serves: .... Prep Time: .... Cook Time: ....

Ingredients:

....

....

....

....

....

....

....

....

....

Instructions:

....

....

....

....

....

....

....

....

....

Notes:

....

....

Notes:

Favorite

Recipe:	Page:
....	....
....	....
....	....
....	....
....	....
....	....
....	....
....	....
....	....
....	....
....	....

Recipe:	Page:
....	....
....	....
....	....
....	....
....	....
....	....
....	....
....	....
....	....
....	....
....	....

Recipe: ....

Source: ....

Serves: .... Prep Time: .... Cook Time: ....

Ingredients:

....

....

....

....

....

....

....

....

....

Instructions:

....

....

....

....

....

....

....

....

....

Notes:

....

....

Recipe: ....

Source: ....

Serves: .... **Prep Time:** .... **Cook Time:** ....

Ingredients:

....

....

....

....

....

....

....

....

....

Instructions:

....

....

....

....

....

....

....

....

....

....

Notes:

....

....

Recipe: ....

Source: ....

Serves: .... **Prep Time:** .... **Cook Time:** ....

Ingredients:

....

....

....

....

....

....

....

....

....

Instructions:

....

....

....

....

....

....

....

....

....

....

Notes:

....

....

Recipe: ....

Source: ....

Serves: .... Prep Time: .... Cook Time: ....

Ingredients:

....

....

....

....

....

....

....

....

....

Instructions:

....

....

....

....

....

....

....

....

....

....

Notes:

....

....

Recipe: ....

Source: ....

Serves: .... Prep Time: .... Cook Time: ....

Ingredients:

....

....

....

....

....

....

....

....

....

Instructions:

....

....

....

....

....

....

....

....

....

Notes:

....

....

Recipe: ....

Source: ....

Serves: .... **Prep Time:** .... **Cook Time:** ....

Ingredients:

....

....

....

....

....

....

....

....

....

Instructions:

....

....

....

....

....

....

....

....

....

Notes:

....

....

Recipe: ....

Source: ....

Serves: .... Prep Time: .... Cook Time: ....

Ingredients:

....

....

....

....

....

....

....

....

....

Instructions:

....

....

....

....

....

....

....

....

....

....

Notes:

....

....

Recipe: ....

Source: ....

Serves: .... **Prep Time:** .... **Cook Time:** ....

Ingredients:

....

....

....

....

....

....

....

....

....

Instructions:

....

....

....

....

....

....

....

....

....

....

Notes:

....

....

Recipe: ....

Source: ....

Serves: .... Prep Time: .... Cook Time: ....

Ingredients:

....

....

....

....

....

....

....

....

....

Instructions:

....

....

....

....

....

....

....

....

....

Notes:

....

....

Recipe: ....

Source: ....

Serves: .... **Prep Time:** .... **Cook Time:** ....

Ingredients:

....

....

....

....

....

....

....

....

....

Instructions:

....

....

....

....

....

....

....

....

....

Notes:

....

....

Recipe: ....

Source: ....

Serves: .... Prep Time: .... Cook Time: ....

Ingredients:

....

....

....

....

....

....

....

....

....

Instructions:

....

....

....

....

....

....

....

....

....

Notes:

....

....

Recipe: ....

Source: ....

Serves: .... Prep Time: .... Cook Time: ....

Ingredients:

....

....

....

....

....

....

....

....

....

Instructions:

....

....

....

....

....

....

....

....

....

....

Notes:

....

....

Recipe: ....

Source: ....

Serves: .... Prep Time: .... Cook Time: ....

Ingredients:

....

....

....

....

....

....

....

....

....

....

Instructions:

....

....

....

....

....

....

....

....

....

....

Notes:

....

....

Recipe: ....

Source: ....

Serves: .... Prep Time: .... Cook Time: ....

Ingredients:

....

....

....

....

....

....

....

....

....

....

Instructions:

....

....

....

....

....

....

....

....

....

....

Notes:

....

....

Recipe: ....

Source: ....

Serves: .... Prep Time: .... Cook Time: ....

Ingredients:

....

....

....

....

....

....

....

....

....

....

Instructions:

....

....

....

....

....

....

....

....

....

....

Notes:

....

....

Recipe: ....

Source: ....

Serves: .... **Prep Time:** .... **Cook Time:** ....

Ingredients:

....

....

....

....

....

....

....

....

....

Instructions:

....

....

....

....

....

....

....

....

....

Notes:

....

....

Recipe: ....

Source: ....

Serves: .... Prep Time: .... Cook Time: ....

Ingredients:

....

....

....

....

....

....

....

....

....

Instructions:

....

....

....

....

....

....

....

....

....

Notes:

....

....

Recipe: ....

Source: ....

Serves: .... **Prep Time:** .... **Cook Time:** ....

Ingredients:

....

....

....

....

....

....

....

....

....

....

Instructions:

....

....

....

....

....

....

....

....

....

....

Notes:

....

....

Recipe: ....

Source: ....

Serves: .... Prep Time: .... Cook Time: ....

Ingredients:

....

....

....

....

....

....

....

....

....

....

Instructions:

....

....

....

....

....

....

....

....

....

Notes:

....

....

Notes:

Recipe: ....

Source: ....

Serves: .... Prep Time: .... Cook Time: ....

Ingredients:

....

....

....

....

....

....

....

....

....

Instructions:

....

....

....

....

....

....

....

....

....

Notes:

....

....

Notes:

Recipe: ....

Source: ....

Serves: .... **Prep Time:** .... **Cook Time:** ....

Ingredients:

....

....

....

....

....

....

....

....

....

Instructions:

....

....

....

....

....

....

....

....

....

Notes:

....

....

Notes:

Recipe: ....

Source: ....

Serves: .... Prep Time: .... Cook Time: ....

Ingredients:

....

....

....

....

....

....

....

....

....

Instructions:

....

....

....

....

....

....

....

....

....

Notes:

....

....

Notes:

Recipe: ....

Source: ....

Serves: .... **Prep Time:** .... **Cook Time:** ....

Ingredients:

....

....

....

....

....

....

....

....

....

Instructions:

....

....

....

....

....

....

....

....

....

....

Notes:

....

....

Notes:

Favorite

Recipe:	Page:
....	....
....	....
....	....
....	....
....	....
....	....
....	....
....	....
....	....
....	....
....	....

Recipe:	Page:
....	....
....	....
....	....
....	....
....	....
....	....
....	....
....	....
....	....
....	....
....	....

Recipe: ....

Source: ....

Serves: .... Prep Time: .... Cook Time: ....

Ingredients:

....

....

....

....

....

....

....

....

....

Instructions:

....

....

....

....

....

....

....

....

....

Notes:

....

....

Recipe: ....

Source: ....

Serves: .... Prep Time: .... Cook Time: ....

Ingredients:

....

....

....

....

....

....

....

....

....

Instructions:

....

....

....

....

....

....

....

....

....

....

Notes:

....

....

Recipe: ....

Source: ....

Serves: .... Prep Time: .... Cook Time: ....

Ingredients:

....

....

....

....

....

....

....

....

....

Instructions:

....

....

....

....

....

....

....

....

....

Notes:

....

....

Recipe: ....

Source: ....

Serves: .... Prep Time: .... Cook Time: ....

Ingredients:

....

....

....

....

....

....

....

....

....

Instructions:

....

....

....

....

....

....

....

....

....

Notes:

....

....

Recipe: ....

Source: ....

Serves: .... Prep Time: .... Cook Time: ....

Ingredients:

....

....

....

....

....

....

....

....

....

Instructions:

....

....

....

....

....

....

....

....

....

Notes:

....

....

Recipe: ....

Source: ....

Serves: .... Prep Time: .... Cook Time: ....

Ingredients:

....

....

....

....

....

....

....

....

....

Instructions:

....

....

....

....

....

....

....

....

....

....

Notes:

....

....

Recipe: ....

Source: ....

Serves: .... Prep Time: .... Cook Time: ....

Ingredients:

....

....

....

....

....

....

....

....

....

Instructions:

....

....

....

....

....

....

....

....

....

Notes:

....

....

Recipe: ....

Source: ....

Serves: .... **Prep Time:** .... **Cook Time:** ....

Ingredients:

....

....

....

....

....

....

....

....

....

Instructions:

....

....

....

....

....

....

....

....

....

Notes:

....

....

Recipe: ....

Source: ....

Serves: .... **Prep Time:** .... **Cook Time:** ....

Ingredients:

....

....

....

....

....

....

....

....

....

Instructions:

....

....

....

....

....

....

....

....

....

Notes:

....

....

Recipe: ....

Source: ....

Serves: .... **Prep Time:** .... **Cook Time:** ....

Ingredients:

....

....

....

....

....

....

....

....

....

Instructions:

....

....

....

....

....

....

....

....

....

Notes:

....

....

Recipe: ....

Source: ....

Serves: .... **Prep Time:** .... **Cook Time:** ....

Ingredients:

....

....

....

....

....

....

....

....

....

Instructions:

....

....

....

....

....

....

....

....

....

Notes:

....

....

Recipe: ....

Source: ....

Serves: .... Prep Time: .... Cook Time: ....

Ingredients:

....

....

....

....

....

....

....

....

....

Instructions:

....

....

....

....

....

....

....

....

....

Notes:

....

....

Recipe: ....

Source: ....

Serves: .... Prep Time: .... Cook Time: ....

Ingredients:

....

....

....

....

....

....

....

....

....

Instructions:

....

....

....

....

....

....

....

....

....

Notes:

....

....

Recipe: ....

Source: ....

Serves: .... Prep Time: .... Cook Time: ....

Ingredients:

....

....

....

....

....

....

....

....

....

Instructions:

....

....

....

....

....

....

....

....

....

Notes:

....

....

Recipe: ....

Source: ....

Serves: .... Prep Time: .... Cook Time: ....

Ingredients:

....

....

....

....

....

....

....

....

....

Instructions:

....

....

....

....

....

....

....

....

....

Notes:

....

....

Recipe: ....

Source: ....

Serves: .... Prep Time: .... Cook Time: ....

Ingredients:

....

....

....

....

....

....

....

....

....

Instructions:

....

....

....

....

....

....

....

....

....

Notes:

....

....

Recipe: ....

Source: ....

Serves: .... Prep Time: .... Cook Time: ....

Ingredients:

....

....

....

....

....

....

....

....

....

Instructions:

....

....

....

....

....

....

....

....

....

Notes:

....

....

Recipe: ....

Source: ....

Serves: .... Prep Time: .... Cook Time: ....

Ingredients:

....

....

....

....

....

....

....

....

....

Instructions:

....

....

....

....

....

....

....

....

....

....

Notes:

....

....

Recipe: ....

Source: ....

Serves: .... **Prep Time:** .... **Cook Time:** ....

Ingredients:

....

....

....

....

....

....

....

....

....

Instructions:

....

....

....

....

....

....

....

....

....

Notes:

....

....

Notes:

Recipe: ....

Source: ....

Serves: .... Prep Time: .... Cook Time: ....

Ingredients:

....

....

....

....

....

....

....

....

....

Instructions:

....

....

....

....

....

....

....

....

....

Notes:

....

....

Notes:

Recipe: ....

Source: ....

Serves: .... **Prep Time:** .... **Cook Time:** ....

Ingredients:

....

....

....

....

....

....

....

....

....

Instructions:

....

....

....

....

....

....

....

....

....

Notes:

....

....

Notes:

Recipe: ....

Source: ....

Serves: .... **Prep Time:** .... **Cook Time:** ....

Ingredients:

....

....

....

....

....

....

....

....

....

Instructions:

....

....

....

....

....

....

....

....

....

Notes:

....

....

Notes:

Recipe: ....

Source: ....

Serves: .... Prep Time: .... Cook Time: ....

Ingredients:

....

....

....

....

....

....

....

....

....

Instructions:

....

....

....

....

....

....

....

....

....

....

Notes:

....

....

Notes:

Measurement Conversions

VOLUME EQUIVALENTS

	U.S. STANDARD	U.S. STANDARD (OUNCES)	METRIC (APPROXIMATE)
LIQUID	2 tablespoons	1 fl. oz.	30 mL
	¼ cup	2 fl. oz.	60 mL
	½ cup	4 fl. oz.	120 mL
	1 cup	8 fl. oz.	240 mL
	1½ cups	12 fl. oz.	355 mL
	2 cups or 1 pint	16 fl. oz.	475 mL
	4 cups or 1 quart	32 fl. oz.	1 L
	1 gallon	128 fl. oz.	4 L
DRY	⅛ teaspoon	—	0.5 mL
	¼ teaspoon	—	1 mL
	½ teaspoon	—	2 mL
	¾ teaspoon	—	4 mL
	1 teaspoon	—	5 mL
	1 tablespoon	—	15 mL
	¼ cup	—	59 mL
	⅓ cup	—	79 mL
	½ cup	—	118 mL
	⅔ cup	—	156 mL
	¾ cup	—	177 mL
	1 cup	—	235 mL
	2 cups or 1 pint	—	475 mL
	3 cups	—	700 mL
	4 cups or 1 quart	—	1 L
	½ gallon	—	2 L
	1 gallon	—	4 L

OVEN TEMPERATURES

FAHRENHEIT	CELSIUS (APPROXIMATE)
250°F	120°C
300°F	150°C
325°F	165°C
350°F	180°C
375°F	190°C
400°F	200°C
425°F	220°C
450°F	230°C

WEIGHT EQUIVALENTS

U.S. STANDARD	METRIC (APPROXIMATE)
½ ounce	15 g
1 ounce	30 g
2 ounces	60 g
4 ounces	115 g
8 ounces	225 g
12 ounces	340 g
16 ounces or 1 pound	455 g

CPSIA information can be obtained
at www.ICGtesting.com
Printed in the USA
JSHW011908070422
24703JS00001B/1